Segen entdecken

Viel Glück und viel Segen auf all deinen Wegen, Gesundheit und Frohsinn sei auch mit dabei.

—Geburtstagslied

■ Seit einiger Zeit beschäftigt uns die Frage nach dem Geheimnis des Segens besonders intensiv. Ausgelöst wurde diese Suche durch die Lektüre des Buches »The Grace Outpouring« von Roy Godwin.

Er ist Leiter des christlichen Erholungszentrums *Ffald-y-Brenin* in Wales. Der Untertitel des Buches lautet auf Deutsch »Andere durch Gebet segnen«. Wir lasen von gewaltigen Veränderungen, die dort durch einfache Segensgebete ausgelöst wurden. Nicht nur im Leben von Menschen, sondern auch in der Natur und in der Fruchtbarkeit von Tieren. Gott wurde in seiner liebevollen Zuwendung und Gegenwart erfahrbar – sehr oft auch für Menschen, die ihn vorher noch nicht kannten.

Um hinter das Geheimnis eines wirksamen Segens zu kommen, reisten wir gemeinsam dorthin und nahmen am Leben und den Gebetszeiten der Gemeinschaft dort teil. Wir können von ganzem Herzen sagen, dass wir »gesegnet« worden sind. Aber was bedeutete das konkret?

Konnten sich Menschen, denen wir davon erzählten, etwas darunter vorstellen? Wie verstanden wir selbst Segen?

Das Wort »Segen« verband ich (Rosemarie) seit den Tagen meiner Kindheit irgendwie mit Trost und liebevoller Zuwendung. Wenn mir etwas weh tat, ich mir mal wieder die Knie aufgeschlagen hatte oder es sonst ein kleines Unglück in meinem Kinderleben gab, strich mir meine Mutter über den Kopf mit den Worten: »Heile, heile Segen, drei Tage Regen, drei Tage Sonnenschein und alles wird wieder gut sein.« Ist der Segen Gottes so etwas wie ein magischer Kinder-Zauberspruch?

Obwohl das Wort Segen in unserem Sprachgebrauch bei vielen Gelegenheiten verwendet wird, fehlte uns ein tieferes Verständnis, was Segen ist und was es bedeutet, zu segnen oder gesegnet zu leben. Wir machten uns gemäß dem Sprichwort »Sich regen bringt Segen« auf eine Entdeckungsreise zu dem Thema. Sie führte uns unter anderem durch viele Teile der Bibel.

Auch wer nicht mit dem christlichen Glauben aufgewachsen ist, dem begegnet das Thema Segen dennoch häufig im Alltag. Es gibt Segenswünsche, die sind so in die Alltagssprache eingegangen, dass sie gar nicht mehr als das erkannt werden, was sie einmal waren. Dazu gehören zum Beispiel das süddeutsche »Grüß Gott« und »Ade« oder auch das bayerische »Pfüat di«. Mit »Grüß Gott« sprach man anderen den Segen Gottes zu. »Ade« kommt vom französischen »à Dieu« und bedeutet »Gott befohlen«. »Pfüat di« heißt: »Behüte dich Gott«.

Christen wünschen sich gegenseitig »Gottes Segen«. Ist das einfach ein netter Wunsch? Schließlich wünschen viele Menschen auf dieser Welt an jedem Tag einem anderen irgendetwas Gutes. Das beginnt schon mit dem »Guten Morgen«. Wenn jemand krank ist, wünscht man ihm »Gute Besserung«, niest er, wünscht man ihm »Gesundheit« etc. Das alles ist Segen – und noch viel mehr.

Gottes Segen ist mehr als nur ein netter Wunsch. Segnen bedeutet weit mehr, als einfach nur dem anderen etwas Gutes zuzusprechen. Um die Fülle dessen, was Segen beinhaltet, zu entdecken, haben wir uns auf die Suche gemacht, um in der Bibel und in der Geschichte das Geheimnis eines gesegneten Lebens zu entdecken.

In diesem Quadro wirst du den Unterschied zwischen guten Wünschen und Segen kennen lernen. Du wirst entdecken, wie du Segen von Gott empfangen kannst, wie du ihn weitergeben und wie du selber als ganze Person ein Segen werden kannst. Komm in den nächsten vier Wochen mit uns auf diese Entdeckungsreise.

Die meisten biblischen Ausarbeitungen stammen übrigens von Rosemarie, die Geschichten von Kerstin – dass wir uns so gut ergänzen können, ist ein Segen.

—*Kerstin Hack und Rosemarie Stresemann*

Tipps zur Anwendung

■ Dieses Quadro ist in 28 Kapitel aufgeteilt. Du kannst vier Wochen lang täglich einen Abschnitt lesen und umsetzen. Wenn dich ein Kapitel besonders anspricht, dann lies es mehrfach.

■ Es ist sinnvoll, die Kapitel fortlaufend zu lesen, da sie aufeinander aufbauen.

■ Am Ende jedes Abschnittes findest du Fragen. Nimm dir Zeit, darüber nachzudenken und sie ehrlich zu beantworten. Was festgehalten ist, wird konkret. Deshalb empfehlen wir dir, die Fragen schriftlich zu beantworten und dir Notizen zu machen. Du kannst dafür ein einfaches Notizbuch verwenden oder *Mein Quadro*, das wir speziell für die Quadro-Serie entwickelt haben.

■ Wir empfehlen dir, die zitierten Bibelstellen im Zusammenhang zu lesen.

■ Es könnte hilfreich sein, das Quadro gemeinsam mit deinem Partner, Freunden oder einer Gruppe zu lesen, um euch darüber auszutauschen. Punkte, über die man miteinander redet, werden oft klarer.

■ Wer passiv konsumiert, bleibt passiv. Frage dich nach jedem Lesen: Wenn ich jemandem erzählen würde, was der wichtigste Impuls aus diesem Abschnitt für mich war, was wäre das?

■ Nimm dir einige Minuten Zeit, um mit Gott oder anderen Menschen über das Gelesene zu reden – dadurch wird es besser verankert.

■ Um eine bleibende Verhaltensänderung zu erreichen, ist es nötig, dass neue Wege eingeübt werden. Schreibe dir auf, welche Schritte und Segenshandlungen für dich während der Lektüre hilfreich geworden sind. Übe zuerst den Schritt ein, der dir am wichtigsten erscheint. Nimm die Liste in der folgenden Zeit immer wieder zur Hand, um dich für einen neuen Schritt zu entscheiden.

■ Versuche nicht, alle Schritte auf einmal zu gehen. Änderungen geschehen nicht von heute auf morgen. Erlaube dir, in deinem eigenen Tempo zu lernen und in Freiheit hineinzuwachsen. Schritt für Schritt.

Woche 1
Was Segen ist

*Ich wünsch dir Gottes Segen, ich wünsch
dir seine Nähe, seine Kraft,
ein reich erfülltes Leben, über dem die
Hand des Höchsten wacht.*

—Martin Pepper

Was ist Segen?

■ In der Bibel begegnet uns das Wort »Segen« oder »segnen« allein im Alten Testament über 400 Mal. Das hebräische Wort »barach« hat viele Bedeutungsebenen. Man kann es unter anderem folgendermaßen übersetzen: mit heilvoller Kraft begaben, loben, preisen, zusprechen, Gutes zusagen.

Das ist erst einmal eine ganz grobe Definition, die das Feld des Segens umreißt – wie eine erste, grobe Skizze. In den weiteren Kapiteln dieses Quadros werden wir diese Skizze weiter ausmalen und feinzeichnen. Allgemein kann man sagen: Segen stärkt immer das Leben. Er mehrt es, schützt es, erhält es, bringt es zum Überfluss und in die Fruchtbarkeit.

Segen wird in der Regel verbal ausgedrückt, aber oft begleiten ihn auch Zeichenhandlungen oder Gesten. Das deutsche Wort »segnen« kommt vom lateinischen »signare« – »etwas mit einem Zeichen versehen«. Das lateinische Wort für Segen ist »benedictio« und bedeutet »Gutes sagen«.

Es zeigt einen weiteren wichtigen Aspekt des Segens auf: Es ist ein gutes Wort, das zu oder über einem Menschen oder einer Situation ausgesprochen wird.

Bekannt sind Segenswünsche, die wir uns am Geburtstag zusingen oder die uns am Abschluss eines Gottesdienstes zugesprochen werden. Viele Menschen kennen auch die beliebten irischen Segenswünsche, die weite Verbreitung gefunden haben. Dennoch ist den meisten Menschen nicht genau klar, worum es beim Segen im Kern geht.

■ **Denk mal**

Was fällt dir beim Wort Segen als erstes ein?

■ **Mach mal**

Schreib einmal das Wort Segen in einen Kreis und notiere drum herum alles, was dir spontan dazu einfällt: Stichworte, Sätze, Fragen.

So sieht Segen aus

Der tiefe Frieden des Friedenssohnes sei mit dir.

—*Keltischer Friedenssegen*

■ Vieles verändert sich, wenn Segen ausgesprochen wird. Segen ist mehr als ein »warmer Gedanke« oder »netter Wunsch«. Ein Segenswort ist ein Wort, das Kraft hat – Gottes eigene Kraft, die durch den Segen an den Gesegneten weitergegeben wird. Diese Worte des Segens können erstaunliche Auswirkungen im Leben der gesegneten Menschen und Situationen zeigen und überraschende Veränderungen bewirken.

Das eingangs erwähnte *Ffald-y-Brenin* ist ein Tagungszentrum und Gebetshaus in Wales. Dort haben die Mitarbeiter vor einigen Jahren begonnen, einmal pro Woche die Region zu segnen. Es ist ein ländliches Gebiet.

Sie nahmen sich Zeit und sprachen spezifischen Segen aus – über den Feldern, dem Vieh und den Menschen. Schon nach kurzer Zeit erlebten sie Erstaunliches: Die Bauern erzählten ihnen, dass ihre Schafe mehr Lämmer als früher warfen, ihre Felder mehr Ertrag brachten und die Bullen waren echte Prachtexemplare.

Ähnliches erlebten auch Bauern in der Schweiz, die ihre Felder und Tiere segneten. Sie erlebten Bewahrung vor Gewitterstürmen und ernteten – mitten in einer Trockenzeit – übergroße Kartoffeln (Engl. Bericht unter *bit.ly/schweizer-bauern*).

Segensauswirkungen kann man nicht immer so direkt messen. Aber es macht einen Unterschied, wenn Ehemänner ihre Frauen und Ehefrauen ihre Männer segnen, Eltern ihre Kinder, Angestellte ihre Arbeitgeber und Chefs ihre Mitarbeiter.

■ **Denk mal**

Welche der oben erwähnten Bereiche hast du bisher noch nie gesegnet? Welche möchtest du gern segnen?

■ **Mach mal**

Wähle einen Menschen oder eine spezifische Situation aus und sprich diese Woche lang täglich den Segen Gottes darüber aus.

Der erste Segen

Und Gott segnete sie und sprach: Seid fruchtbar und mehret euch und erfüllet das Wasser im Meer und die Vögel sollen sich mehren auf Erden.

—1. Mose 1,22 (LUT)

■ Gott ruft durch sein kraftvolles, schöpferisches Wort Himmel, Erde, Tiere und Pflanzen ins Dasein. Und danach spricht er den ersten Segen über den Tieren aus. Er hört sich fast wie ein Befehl an. Gottes Segenswort befiehlt seiner neuen Schöpfung Fruchtbarkeit und Vermehrung. Durch den Segen erhalten die Tiere noch eine *zusätzliche*, göttliche Lebenskraft.

Der Segen Gottes sorgt also dafür, dass das, was Gott sich mit seiner Schöpfung gedacht hat, auch geschehen kann. Mit dem Segen gibt Gott Pflanzen und Tieren die Kraft, dass sie sich wirklich vermehren können.

Schließlich schafft Gott den Menschen als sein Gegenüber. Auch der Mensch kann und muss nicht ohne Segen leben. Er wird wie die Tiere und Pflanzen mit einem Auftrag gesegnet: »*Vermehrt euch, bevölkert die Erde, und nehmt sie in Besitz! Ihr sollt Macht haben über alle Tiere: über die Fische, die Vögel und alle anderen Tiere auf der Erde!*« (1. Mose 1,28 HFA)

Als Gott seine Schöpfung nach sechs Tagen vollendet hatte, segnete er den siebten Tag und heiligte ihn.

Den siebten Tag der Woche sondert er dadurch aus. Der Segen Gottes verleiht diesem Tag etwas Besonderes. In ihm liegt eine göttliche Erneuerungskraft des Lebens, die das Volk Israel stärken sollte, wenn es an diesem Tag von der Arbeit ruhte. Der Sabbat sollte später zum ersten Zeichen des Bundes zwischen Gott und dem Volk Israel werden.

■ **Denk mal**
Wo brauchst du Stärkung deines Lebens?

■ **Mach mal**
Bitte Gott oder einen Menschen darum, dass er genau diese Lebensbereiche oder Beziehungen segnet.

Gott segnet Abraham + Isaak

Ich will dich segnen.

—1. Mose 12,2 (ELB)

■ Gott will den Menschen Gutes tun. Er möchte, dass ihr Leben gelingt, und will es stärken. Aber er hat dem Menschen auch die Freiheit gegeben, zu wählen. Der Segen ist ein Geschenk Gottes, das er denen gerne gibt, die ihm vertrauen.

Abraham war so ein Mensch, der Gott vertraute. Gott forderte ihn heraus, seine Heimat zu verlassen und in ein Land zu ziehen, das ihm gezeigt werden sollte. Er versprach ihm: «*Ich will dich zu einem großen Volk machen und dich segnen und deinen Namen groß machen, und du sollst ein Segen sein. Ich will segnen, die dich segnen, und verfluchen, die dich verfluchen; und in dir sollen gesegnet werden alle Geschlechter auf der Erde!*» (1. Mose 12,2-3 SLT)

Was für ein gewaltiges Versprechen! Abraham sollte nicht nur selbst gesegnet sein, sondern auch als Person zum Segen werden. Hier begegnen wir zum ersten Mal dem Versprechen, dass ein Mensch, und nicht nur seine Worte, für andere zum Segen werden soll.

Dieses Versprechen bekräftigte Gott später durch einen ewigen Bund. Der Segen sollte nicht aufhören, den er durch Abraham allen Menschen auf der Erde schenken wollte. Abraham gab diesen Segen an seinen Sohn Isaak weiter und Gott selbst bestätigte das. Isaak wiederum segnete seinen Sohn Jakob. Bis heute sind die Juden als Nachkommen Abrahams in einem Bund mit Gott, der auch besonderen Segen beinhaltet. Wer sich freundschaftlich zu ihnen stellt, sie segnet, wird von Gott gesegnet. Das beinhaltet Gottes Zusage an Abraham.

■ **Denk mal** _____

Woran kann man deiner Meinung nach die Auswirkungen des Segens über dem jüdischen Volk erkennen?

■ **Mach mal** _____

Sprich doch heute Gutes über die Juden aus, die in deinem Land leben. Segne sie zum Beispiel mit 4. Mose 6,24-26.

Erbitte Gottes Segen für deine Arbeit, aber verlange nicht auch noch, dass er sie tut.

—Charles-Louis de Montesquieu

Auswirkungen des Segens

■ Segen kann man nicht direkt messen, es gibt dafür keine Messlatte. Eine Möglichkeit ist jedoch, Vergleiche anzustellen. Wenn Gott ein Volk segnet und sich der Segen auch auf andere auswirkt, dann müsste das ja irgendwie erkennbar sein. Spannend ist es, die Nobelpreisträger in den Blick zu nehmen. Der Nobelpreis wird seit 1901 an Menschen verliehen, die Bahnbrechendes für die Menschheit geleistet haben. In ihren Erfindungen und Forschungen steckt Segen für viele Menschen. Juden machen etwa 0,2 % der Weltbevölkerung aus. Bis Oktober 2012 wurden 555 Nobelpreise verliehen. Bei »normaler« Verteilung sollten also 0,2 % der Nobelpreise an Juden gehen – also 1,11 Nobelpreise. Die Preisträgerzahlen zeigen etwas anderes:

- Medizin: 54 jüdische Preisträger
- Physik: 51 jüdische Preisträger
- Chemie: 31 jüdische Preisträger
- Wirtschaft: 27 jüdische Preisträger
- Literatur: 13 jüdische Preisträger
- Frieden: 9 jüdische Preisträger

Insgesamt gingen weit über 20 % der Nobelpreise an Menschen jüdischer Herkunft. Dass jüdische Literaten, Politiker und Forscher in Wissenschaft, Kultur und Friedensgestaltung überdurchschnittlich stark vertreten sind, hat sicher viele Gründe. Einer könnte sein, dass sich hier der Segen Gottes ganz handfest zum Wohl vieler Menschen auswirkt: »Ich will dich segnen und du sollst ein Segen sein.«

■ **Denk mal**

Für welche Leistungen jüdischer Menschen bist du besonders dankbar? Wo profitierst du von ihrem Segen?

■ **Mach mal**

Informiere dich ausführlicher über den Segen, den einzelne jüdische Nobelpreisträger gebracht haben: *www.israelnet.de/nobelpreis*

1.6

Was ist Fluch?

*Der Ackerboden soll verflucht sein!
Dein ganzes Leben lang wirst du dich
abmühen, um dich von seinem Ertrag zu
ernähren.*

—1. Mose 3,17 (HFA)

■ Nicht nur der Segen, sondern auch der Fluch begegnet uns schon am Anfang der Bibel. Beides kann von Gott oder Menschen ausgesprochen werden.

Der Fluch ist eine aktiv wirksame Kraft, die sich dem werdenden und wachsenden Leben entgegenstellt. Er zerstört alles Leben, veranlasst Krankheit, Mangel, Unglück, Unfruchtbarkeit, Dürre. Er wirkt sich auf die Natur aus. Der Boden gibt beispielsweise keinen Ertrag oder es regnet nicht. Fluch wirkt sich auch auf den Besitz des Menschen aus. Er nimmt Schutz weg und gibt den Feinden Macht. Fluch ist eng mit dem Tod verbunden.

Während Gottes Segen das geschaffene Leben mit einer heilvollen Kraft stärkt, schadet der Fluch dem Leben und stärkt Kräfte, die den Tod bringen. Wer unter einem Fluch lebt, hat Misserfolg trotz aller Mühe. Wie kam der Mensch unter Fluch? Zum Leben unter dem Segen ist Gehorsam und Vertrauen zu Gott nötig. Zum Fluch führen Ungehorsam und Abkehr.

Die ersten Menschen – Adam und Eva – waren Gott nicht gehorsam und vertrauten seinem Wort nicht. Daher mussten sie nach dem Sündenfall den Raum des Segens – das Paradies – verlassen. Der erste Fluch wurde von Gott über dem Acker und der Arbeit des Mannes ausgesprochen. Menschen fluchen oft demjenigen, der sie verletzt. So wollen sie sich rächen. Gott aber will den Menschen wachrütteln und ihn dazu bringen, umzukehren und seinen Segen zu suchen.

■ **Denk mal**

In welcher Form ist dir Fluch schon einmal begegnet?

■ **Mach mal**

Jesus sagt: »Wenn Menschen dich verflucht haben, dann segne sie.« – Setze das heute um.

Segen und Fluch als Wahl

Ich habe euch Leben und Tod, Segen und Fluch vorgelegt, damit du das Leben erwählst.

—5. Mose 30,19 (SLT)

■ Gott gibt jedem Menschen eine Wahl. Obwohl durch den Sündenfall der Tod zu allen Menschen kam, ist Tod nicht der Wille Gottes für den Menschen. Er gibt uns zum zweiten Mal eine Wahl. Wieder, wie bei den beiden Bäumen im Paradies, darf der Mensch wählen zwischen Leben und Tod – zwischen Segen und Fluch.

Gott hatte Abraham versprochen, dass er durch ihn und seine Nachkommen alle Menschen segnen wollte. Wie hat er dieses Versprechen eingelöst? Durch einen Nachkommen von Abraham: Jesus Christus. Jeder Fluch, der schon in der Welt wirksam war, wird durch den Tod, den Jesus starb, unwirksam gemacht.

Gott gibt den stärksten Segen in die Welt, den er zu geben hat: seinen eigenen Sohn Jesus Christus. In ihm kommt Gottes Leben zu allen Menschen – zuerst zu den Juden, aber dann auch zu allen Menschen auf der ganzen Welt. Gott bietet einen neuen Segensbund an, der allen Menschen offen steht.

Wer sein Leben Jesus anvertraut und an ihn glaubt, lebt in den Bedingungen des Neuen Bundes. Gott verspricht darin, ihn mit all dem Segen, der in Christus ist, zu segnen. Paulus sagt: »*Gott spricht uns von unserer Schuld frei und schenkt uns ewiges Leben durch Jesus Christus.*« (Römer 5,21 HFA)

Alles, was wir zur Stärkung des Lebens brauchen, wird uns in der Verbindung mit Jesus geschenkt. Jeder Mensch darf noch einmal frei wählen: Segen oder Fluch. Wenn er den Segen wählt, nimmt Gott ihn in sein Reich auf und verändert sein Leben zum Segen für andere.

■ **Denk mal**

Welche Wahl hast du getroffen?

■ **Mach mal**

Wenn du dich noch nicht entschieden hast, unter Gottes Segen leben zu wollen, dann triff die Entscheidung doch heute.

Gesegnet wird sein die Frucht deines Leibes und die Frucht deines Ackerlandes und die Frucht deines Viehs …
—5. Mose 28,4 (ELB)

Was wird alles gesegnet?

■ Hast du schon einmal versucht, auf einer Rolltreppe in die falsche Richtung zu laufen? Du schaffst es trotz größter Anstrengung kaum, am Ende anzukommen. Gottes Segen macht das Leben leichter. Du bekommst Unterstützung und kannst im Bild gesprochen die »Rolltreppe des Segens« benutzen. So erreichst du leichter das Ziel, das Gott sich für dein Leben gedacht hat.

Es gibt keinen Lebensbereich, den Gott nicht mit seinem Segen stärken und berühren möchte. In der Bibel findet sich in 5. Mose 28 eine lange Auflistung einzelner Bereiche, die Gott segnen will: den Wohnort, die Hausarbeit, den Beruf, die Kinder, das Einkommen, die Tiere, die Felder und das Land. Er will durch seinen Segen Schutz geben auf Reisen und in unserem Zuhause. Gottes Segen verhilft zu Wohlstand. Nicht als Selbstzweck – wer gesegnet ist, kann anderen abgeben und muss nicht borgen. Neben den materiellen Segnungen gibt es auch eine Fülle von geistlichen.

Zu diesen geistlichen Segnungen, an denen wir durch unsere Verbindung mit Jesus Anteil haben, gehören unter anderem: Erlösung, Erfüllung mit dem Heiligen Geist, Vergebung der Sünden und Heilung von Krankheiten.

Paulus segnet die Gemeinde in Korinth daher mit folgenden Worten: »*Die Gnade unseres Herrn Jesus Christus, die Liebe Gottes und die Kraft des Heiligen Geistes, der euch Gemeinschaft untereinander schenkt, sei mit euch allen!*« (2. Korinther 13,13 NGÜ) Alles, was dem Leben gut tut, darf gesegnet werden – aber nichts, was es zerstört.

■ **Denk mal**
Welcher konkrete Bereich in deinem Leben braucht gerade Segen?

■ **Mach mal**
Bitte jemanden, dich für diesen Bereich zu segnen, oder bitte Gott, dass er dich darin segnet.

Segen ganz praktisch

Der Herr denkt an uns und segnet uns.
—Psalm 115,12 (LUT)

■ Segen ist nicht einfach ein Wunsch, sondern es ist ein Wort, das genau das bewirken soll, was zugesagt wird. Derjenige, der wirkt, ist Gott selber. So wie er in der Schöpfung sprach und alles durch sein Wort entstanden ist.

In seinem Namen wird gesegnet. Wer segnet, drückt in dieser spezifischen Form auch seinen Glauben an Gott aus. Wer Gott nicht vertraut, kann auch nicht in seinem Namen segnen.

Segen kann sich ganz verschieden auswirken und sich besonders in einigen spezifischen Lebensbereichen entfalten. In meinem (Kerstins) Leben erfahre ich Segen oft in Form von Gunst. Das kann auf der materiellen Ebene sein. Vielfach bekomme ich Dinge günstiger – das Wort »günstig« kommt von Gunst. Manchmal sogar umsonst. Ich erlebe Gunst von Menschen, die mir gerne helfen und mich unterstützen. Als ich etwa im Rahmen eines Schiffsprojektes vor einer riesigen Werftrechnung stand, erlebte ich einen solchen Segen.

Über 200 Menschen halfen mir, sie zu bezahlen. Andere packten bei der Renovierung des Schiffs mit an. Bei vielen Problemen, die mit dem Verlag oder dem Schiffsprojekt zu tun haben, erlebe ich solche konkreten Segnungen. Andere Menschen erleben den Segen, der in Psalm 1 beschrieben ist: Was immer sie unternehmen, gelingt ihnen gut. Sie scheinen ein »goldenes Händchen« für das zu haben, was sie anpacken – egal ob es Gemeindebau oder Finanzinvestitionen oder kreative Projekte oder neue Erfindungen sind.

■ **Denk mal**
Wo erlebst du besonders viel Segen in deinem Leben? Woran mag das liegen?

■ **Mach mal**
Wenn du Menschen kennst, die in einem dir wichtigen Bereich besonders gesegnet sind, dann komm mit ihnen darüber ins Gespräch.

Jakobs Kampf um den Segen

Ich lasse dich nicht, du segnest mich denn.
—1. Mose 32,27 (LUT)

■ Jakob und Esau waren Isaaks Zwillingssöhne. Esau war der Erstgeborene. Er achtete aber das Recht seiner Erstgeburt nicht und verkaufte es für eine leckere Linsensuppe an Jakob. Zur damaligen Zeit bekam der erstgeborene Sohn ein doppeltes Erbteil und einen speziellen Segen des Vaters. Den brauchte er auch für seine besondere Verantwortung gegenüber allen anderen Mitgliedern der Familie.

Jakob aber wollte nicht nur das Erstgeburtsrecht und die Pflichten haben, sondern auch den Segen. Er verkleidete sich als sein Bruder und erschlich sich so den Segen von seinem alten, halbblinden Vater Isaak. Als Esau später merkte, dass Jakob ihm den Segen gestohlen hatte, wurde er sehr zornig. Jakobs Leben war nun bedroht und er musste fliehen. Lange Jahre arbeitete er bei weit entfernt lebenden Verwandten. Gott segnete ihn dort! Der Segen lag nun mal auf ihm.

Doch eines Tages forderte Gott ihn auf, zurückzukehren und Esau zu begegnen.

Bevor er nach langer Wanderung Esaus Gebiet betrat, wurde er in der Nacht in einen Ringkampf verwickelt. Jakob erkannte in dem Mann, der mit ihm rang, Gott. Er wollte ihn nicht loslassen, bis er von ihm den Segen erhalten hatte – diesmal als Geschenk. Dafür musste er seinen Namen sagen: »Ich bin Jakob« (= ein Betrüger). Gott segnete ihn mit einem neuen Namen: »Du sollst nicht mehr Jakob heißen, sondern Israel.« Gottes Segen schenkte Jakob eine neue Identität. Danach konnte er Esau begegnen und ihm den Segen weitergeben.

■ **Denk mal**

In welchem Lebensbereich hast du dir selber etwas genommen – bräuchtest aber dringend Gottes Segen?

■ **Mach mal**

Lies die Geschichte nach und entdecke, wie unterschiedlich Jakob und Esau von ihrem Vater gesegnet werden (1. Mose 27).

Segen in Generationen

So sollte durch Jesus Christus der Segen, der Abraham zugesagt wurde, zu allen Völkern kommen.

—Galater 3,14 (GNB)

■ »… und in dir sollen gesegnet werden alle ethnischen Gruppen auf der ganzen Erde!« – Was für ein gewaltiges Versprechen hatte Gott Abraham gegeben! Abraham segnete seinen Sohn Isaak, dieser segnete Jakob. Jakob segnete seinen Sohn Josef und dessen beiden Söhne. Dieser Segen sollte aber nicht nur innerhalb der eigenen Familie weitergegeben werden. Er sollte sich auf alle Völker der Erde auswirken. Nicht nur einige Generationen lang, sondern bis in Ewigkeit. Wie hat Gott dieses Versprechen eingelöst?

Jesus war Segensträger und Segensbringer: Durch Jesus hat Gott alle Menschen von dem Fluch der Sünde und des Todes befreit. Er wurde schon von Elisabeth gesegnet, als er noch im Mutterleib von Maria war. Er lebte ein Leben unter dem Segen seines Vaters im Himmel und gab diesen Segen sichtbar weiter. Er segnete die Kinder, denen er begegnete – die nächste Generation. Er segnete die fünf Brote und zwei Fische, die seine Jünger ihm brachten. Danach reichten sie aus, um 5000 Menschen satt zu machen. Wenn Jesus Segnungsworte spricht, werden Menschen geheilt. Nach der Auferstehung segnete Jesus seine Jünger. In Jesus haben wir nun für immer Zugang zu allen Segnungen Gottes. Er stärkt unser Leben und erfüllt Gottes Zusage an Abraham. Petrus sagte zu den Juden: »*Euch zuerst hat Gott nun seinen Bevollmächtigten gesandt, nachdem er ihn vom Tod auferweckt hat. Durch ihn sollt ihr gesegnet werden, wenn ihr euch von euren bösen Taten abkehrt – jeder und jede im Volk!*« (Apostelgeschichte 3,26 GNB)

■ **Denk mal**

Was bedeutet es dir, dass Gott dir durch Jesus seinen Segen schenkt?

■ **Mach mal**

Nutze eine Konkordanz oder google im Internet, wie oft im Zusammenhang mit Jesus das Wort »Segen« erwähnt wird.

Das Haus des Gottlosen wird abgerissen,
aber die Familie des Aufrichtigen blüht auf.
—Sprüche 14,11 (HFA)

Segen in Generationen II

■ Ein spannendes historisches Beispiel, an dem man die langfristigen Auswirkungen von Segen erahnen kann, ist das Leben von Jonathan Edwards und seiner Frau – besonders wenn man es mit dem von Edwards' Studienkollegen Max Jukes vergleicht.

Max Jukes war überzeugter Atheist und heiratete ein atheistisches Mädchen. Jonathan Edwards, der ein gläubiger Christ war, wählte eine gläubige Partnerin. Edwards und seine Frau bemühten sich, nach Gottes Geboten zu leben, und beteten viel für ihre zahlreichen Kinder.

Von Jukes weiß man nur, dass er bewusst ohne Gott lebte. Von seinen 540 Nachkommen, deren Spur man bis heute verfolgen kann, lebten 310 von staatlicher Unterstützung, 150 waren Verbrecher, sieben waren Mörder, 100 waren Trinker und mehr als die Hälfte der Frauen waren Prostituierte. Seine Nachkommen kosteten den amerikanischen Staat 1,25 Millionen Dollar. In Kontrast dazu steht Edwards Familie.

Von den 1394 Nachkommen von Edwards hatten 294 einen Collegeabschluss, 65 waren College-Professoren und 13 waren College-Präsidenten. Außerdem gab es unter seinen Nachkommen 30 Richter, 60 Ärzte, 60 bekannte Autoren, 75 Offiziere, 80 Beamte, 100 Rechtsanwälte, 100 Prediger und Missionare und einige Politiker: 3 US-Senatoren, mehrere Gouverneure und einen Vizepräsidenten der Vereinigten Staaten. Edwards Nachkommen kosteten den Staat keinen Cent. Quelle: *cai.org/de/bibelstudien/der-segen-gottes*

■ **Denk mal** ─────────────
Welche Segensspuren kannst du in deiner Familie entdecken?

■ **Mach mal** ─────────────
Segne heute jemanden aus der nächsten Generation (in deiner Familie oder deinem Umfeld).

Wie komme ich zu Segen?

Wenn ihr Gott gehorcht, werdet ihr seinen ganzen Segen erfahren.
—5. Mose 28,2 (HFA)

■ Segen fällt uns nicht automatisch zu. Um ihn zu erhalten, ist die Entscheidung nötig, Gott zu gehorchen und nicht mehr eigene Wege zu gehen. Gott hat einen guten Plan für jedes Leben. Nur wenn wir ihm unser Leben anvertrauen, kann es ganz unter seinen Segen kommen.

Der Prophet Jeremia macht das mit folgenden Worten deutlich: »Ich, der Herr, sage: Mein Fluch lastet auf dem, der sich von mir abwendet, seine Hoffnung auf Menschen setzt und nur auf menschliche Kraft vertraut. Er ist wie ein Dornstrauch in der Wüste, der vergeblich auf Regen wartet. Er steht in einem dürren, unfruchtbaren Land, wo niemand wohnt. Doch ich segne jeden, der mir ganz und gar vertraut. Er ist wie ein Baum, der nah am Bach steht und seine Wurzeln zum Wasser streckt: Die Hitze fürchtet er nicht, denn seine Blätter bleiben grün. Auch wenn ein trockenes Jahr kommt, sorgt er sich nicht, sondern trägt Jahr für Jahr Frucht.« (Jeremia 17,5-9 HFA)

Vertrauen und Gehorsam sind zwei Schlüssel, die Segenstüren aufschließen.

Der dritte Schlüssel ist Dankbarkeit. Gott segnet uns gerne. Er freut sich über jeden, der ihm dafür auch dankt. Wer dankbar ist, verstärkt damit den empfangenen Segen. Er freut sich und gibt gleich wieder Segen an Gott zurück.

Lob und Dank ausgedrückt gegenüber Gott wird im Hebräischen auch »segnen« genannt. Wer den Tag über achtsam ist, hat viele Gelegenheiten, Gottes Segensspuren zu entdecken und ihm dafür zu danken.

■ **Denk mal**
Für welche Segnungen hast du Gott schon gedankt?

■ **Mach mal**
Entscheide dich: Mit welchem Schlüssel könntest du eine neue Segenstür aufschließen?

Wie komme ich zu Segen? II

Gebt mir, was ich von euch erwarte –
und dann prüft mich, ob ich nicht Segen
die Fülle herabschütte.
—Maleachi 3,10 (freie Übertragung)

■ Wenn wir vertrauen, verspricht Gott, uns zu segnen. Es gibt Dutzende Geschichten von Menschen, die im Vertrauen zu Gott etwas gewagt haben und dann von ihm gesegnet wurden. Der Segen ging oft weit über die Situation hinaus, in der sie vertrauten. Es war quasi Segen mit Zinsen.

Ein Missionar hatte einen Mann Gottes eingeladen, der eine besondere Gabe hatte, für kranke Menschen zu beten. Doch der Gastsprecher kam nicht. In seiner Not und im Vertrauen zu Gott begann er, selbst für die Kranken zu beten – und erlebte, wie Gott sie heilte. Mittlerweile hat Gott ihn gebraucht, um Tausenden von Menschen das Evangelium der Erlösung und Gottes heilende Kraft zu bringen. Er heißt Reinhard Bonnke. John Wimber erlebte Ähnliches. Gott belohnte sein Nicht-Aufgeben und Vertrauen im Bereich Heilung damit, dass nicht nur er, sondern die Bewegung, die er leitete, viele Heilungen erlebt.

Ich (Kerstin) mache gern bei Preisausschreiben mit – und gewinne oft.

Ich führe das darauf zurück, dass ich den ersten Preis, den ich jemals gewonnen habe – ein einwöchiges christliches Ferienlager – an ein Mädchen verschenkt habe, von der ich wollte, dass sie Gott kennenlernt. Gott scheint es offensichtlich Freude zu machen, mich dafür zu segnen. Wo immer du vor Herausforderungen stehst und dich entscheidest, im Vertrauen zu wachsen, erweiterst du automatisch den Raum für Segen in deinem Leben.

■ **Denk mal**

Vor welchen Hindernissen stehst du gerade? Wie könnte durch Vertrauen daraus Segen werden?

■ **Mach mal**

Danke Gott für die Herausforderungen, in denen du gerade stehst, und bitte ihn, dir zu helfen, sie im Vertrauen zu überwinden – und dich zu segnen.

Woche 3
Menschen segnen

Zur selben Zeit sonderte der Herr den Stamm Levi aus, ihm zu dienen und in seinem Namen zu segnen bis auf diesen Tag.

—5. Mose 10,8 (SLT)

Segen – priesterlicher Dienst

■ Aus dem Volk Israel wählte Gott den Stamm Levi für priesterliche Aufgaben aus. Das war aber eigentlich nur eine Notlösung. Gottes ursprüngliche Absicht war, dass ganz Israel ein Volk von Priestern sein sollte: Menschen, die in besonderer Nähe zu Gott leben und andere in seine Nähe bringen sollten.

Den Priestern und Leviten wurden besondere Aufgaben zugeteilt. Neben Opfern und Gebet sollten sie auch das Volk segnen.

Segnen ist also ein eigener Dienst an den Menschen, der nicht zu verwechseln ist mit Gebet oder Fürbitte. Die Anweisung an die Leviten lautete: »*So sollt ihr die Kinder Israels segnen; sprecht zu ihnen: Der Herr segne dich und behüte dich! Der Herr lasse sein Angesicht leuchten über dir und sei dir gnädig! Der Herr erhebe sein Angesicht auf dich und gebe dir Frieden! Und so sollen sie meinen Namen auf die Kinder Israels legen, und ich will sie segnen.*« (4. Mose 6,23-27 LUT)

Wurde der Name Gottes über einem Menschen ausgerufen, galt das als Rechtsakt. Es bedeutete, dass die Person Gott gehört. Mit dem Segen wurde daher auch ausgesprochen, dass Gott der Herr ist.

Auch Jesus hat seine Nachfolger beauftragt zu segnen. Nicht nur die Freunde, sondern auch die Feinde. Wer im Namen Jesu einen Menschen segnet, ruft damit auch die Herrschaft Jesu über ihm aus. Er bringt ihn hinein in den Wirkungsbereich Gottes.

■ **Denk mal**

Wo hast du den Dienst des Segnens schon erlebt?

■ **Mach mal**

Lies einmal im 5. Buch Mose das 33. Kapitel und achte besonders auf die Unterschiede in den verschiedenen Segnungen.

Wir segnen mit Gott

... segnet, weil ihr dazu berufen worden seid, dass ihr Segen erbt.

—1. Petrus 3,9 (ELB)

■ Segen kann man auf ganz verschiedene Weise erbitten oder zusprechen. Die Unterschiede kann man an folgenden Beispielen erkennen:

- Ich wünsche dir gute Besserung. (Wunsch)
- Herr, bitte heile ihn. (Fürbitte)
- Gott will dich heilen. (prophetischer Zuspruch)
- Der Herr heile dich. (Segensbitte)
- Ich segne dich in seinem Namen mit Heilung. (Segen)

Wir können Gott um Segen bitten – wie wir etwa von Jabez lesen: »Bitte segne mich und lass mein Gebiet größer werden. Beschütze und bewahre mich vor Unglück« (1. Chronik 4,10 HFA). Dieses Gebet hat viele Menschen inspiriert, um Segen in ihrem Leben zu bitten. Was klar ist: Wenn wir um Segen bitten, dann beten wir *zu* Gott. Wenn wir hingegen Segen aussprechen und andere segnen, tun wir es *mit* Gott. Wir bitten nicht »nur« um Segen, sondern sprechen im Namen Jesu Segen aus. Dazu sind wir befähigt und autorisiert.

Denn wir sind Miterben aller Verheißungen, die durch Christus wirksam sind.

Das heißt natürlich nicht, dass wir jetzt im Gießkannenprinzip alles segnen sollen, was uns begegnet. Es bedeutet vielmehr, dass wir aus der Verbindung zu Christus heraus sensibel für das werden, was er gerade stärken und segnen möchte. Um es dann in seinem Auftrag zu tun. Für mich (Kerstin) ist das Segnen dürfen in seinem Namen ein großer Ausdruck der Würde, die Gott uns schenkt. Ich finde es sehr bewegend, anderen Menschen ganz direkt Segen zusprechen zu können.

■ **Denk mal**
Welche der obigen Segensformen praktizierst du am meisten?

■ **Mach mal**
Probiere es einmal aus, jemandem den Segen Gottes ganz direkt zuzusprechen: »Ich segne dich mit ...«

Segenszeichen

*Und er nahm die Kinder in die Arme, legte
ihnen die Hände auf und segnete sie.*
—Markus 10,16 (NGÜ)

■ Jüdischen Eltern ist es wichtig, dass ihre Kinder gesegnet sind. Deswegen brachten sie damals die Kinder zu Jesus. Er legte ihnen beim Segnen die Hände auf. So tun es jüdische Eltern noch heute an jedem Sabbatabend, wenn sie ihre Kinder segnen. Sie sprechen dann den in 3.1 genannten Text, der als Priestersegen Aarons überliefert ist (4. Mose 6,24-26).

Priester hoben die Hände auf beim Segnen. Die Väter der Bibel hingegen legten ihren Kindern beim Segnen die Hände auf. Der Unterschied: Das eine Mal wurde eine große Menge gesegnet – das andere Mal eine Einzelperson.

Durch Segen wird Schutz und Friede weitergegeben. Durch die liebevolle Berührung der aufgelegten Hände wird der schützende Segen auch körperlich erfahrbar. Im Laufe der Kirchengeschichte haben sich noch andere Formen von Segenszeichen entwickelt: Der Segnende macht mit dem Finger ein Zeichen des Kreuzes auf die Stirn. Er kann dabei auch Öl benutzen.

Dieses steht als Zeichen für den Heiligen Geist. In der orthodoxen und katholischen Kirche kann der Gesegnete auch zusätzlich mit geweihtem Wasser besprengt werden. Durch Handauflegung wird auch der Segen der Heilung vermittelt.

Entscheidend für den Segen ist aber immer das zugesprochene Wort. Es kann ein Wort aus der Bibel sein oder auch eine prophetische Zusage, die der Segnende für den anderen Menschen von Gott empfangen hat. Wer Gottes Segen hat, wird von seinem kräftigen Wort getragen. Sein Wort ist mächtig – es trägt und erhält das ganze Universum.

■ **Denk mal**
Welche Gesten beim Segnen sind dir bekannt?

■ **Mach mal**
Wenn möglich, segne doch heute einen Menschen unter Handauflegung.

Gott segnen

Segne den Herrn, meine Seele, und
vergiss nicht, was er dir Gutes getan hat.
—Psalm 103,2 *(freie Übertragung)*

■ Hier steht im Hebräischen tatsächlich das Wort für »segnen«. Gott segnen? Können wir Menschen Gott wirklich segnen? Können wir ihm irgendetwas geben, das er nicht selber schon in sich hat? Es gehört zum Geheimnis der Freiheit und der Kindschaft, dass wir Gott beschenken können. Alles, was von Gott kommt, soll vermehrt in einem Kreislauf zu ihm zurückkehren. So ist es auch mit dem Segen.

In einer guten Beziehung gibt es immer einen Austausch an Liebe, von Geben und Nehmen. Gott nimmt gerne etwas von uns an, was er uns vorher selbst geschenkt hat. So wie ein Vater sich über ein Geschenk freut, das sein Kind mit »seinem« Geld gekauft hat.

Wir können Gott segnen, indem wir ihn für alles, was er uns geschenkt hat, loben und ihm danken. Dankbarkeit vergrößert messbar die psychische Stabilität und Zufriedenheit im Leben. Wer das Gute (den Segen) wahrnimmt und dankt, ist auch fähiger, anderen Gutes zu tun.

Wenn wir Gott segnen, ehren und ihm danken, bekommt Gott etwas zurück, das sich nun mit unserer Liebe verbunden hat. Wir können in diesem Segenskreislauf die Beziehung mit Gott stärken. Der Fluss der Liebe zwischen Mensch und Gott wird – bildlich gesprochen – durch das gegenseitige Segnen immer breiter. In der Offenbarung heißt es, dass Jesus würdig ist, Macht, Stärke, Ehre, Ruhm und Anbetung zu empfangen! Das alles geben wir ihm, wenn wir ihn segnen. Wir machen Gott Freude dadurch und auch unsere Freude wird vergrößert.

■ **Denk mal**
Was hast du von Gott empfangen?

■ **Mach mal**
Notiere dir mindestens fünf konkrete Segnungen, die dein Leben stärken. Segne Gott heute durch dein Lob dafür.

Auf die Worte achten

Die Zunge hat Macht über Leben und Tod, wer sie gut nutzt, genießt ihre Frucht.

—Sprüche 18,21 (NeÜ)

■ Als Lehrerin weiß ich (Rosemarie), wie unbedachte Äußerungen das Leben von Kindern prägen und den Weg zur Entfaltung ihrer Talente abschneiden können. Worte wie: »Das kannst du nicht! Das lernst du nie! Dafür bist du zu doof! Immer machst du die gleichen Fehler!«, wirken wie Flüche.

Doch auch das Umgekehrte kann der Fall sein. Ein ermutigendes Wort kann stärken und Wunder wirken. Eine meiner (Kerstins) frühesten Kindheitserinnerungen ist eine Situation im Kindergarten. Ich hatte eine Sandburg gebaut und sie an den Außenwänden mit Sandförmchen verziert. Die Kindergärtnerin rief die anderen Kinder und sagte: »Schaut mal, wie schön Kerstin das gemacht hat!« Sie hat eine Begabung gesehen und mich und andere darauf aufmerksam gemacht. Ich bin mir sicher, dass ihre Worte mein vorhandenes kreatives Talent ermutigt und gestärkt haben – etwas, wovon bis heute sehr viele Menschen profitieren.

Nicht umsonst sagt uns die Bibel, dass wir uns darum bemühen sollen, achtsam mit unseren Worten umzugehen. Gott möchte nicht, dass wir an der Zerstörung des Lebens mitwirken. Er zeigt uns deutlich auf, dass es nicht egal ist, auf welche Weise wir über uns und andere reden. Oft verhindern wir unbewusst Gottes Segenswirken. Durch verurteilendes, verächtliches Denken und Reden setzen wir den Segensabsichten Gottes Fluch entgegen – das soll nicht sein! Das, was wir reden, sollte eine Segenskraft für den werden, der es hört.

■ **Denk mal**
Wem könntest du heute etwas Gutes und Ermutigendes sagen?

■ **Mach mal**
Sage oder schreibe heute einem Menschen etwas, das Wertschätzung und Ermutigung ausdrückt.

Die Macht der Worte

Es gibt einen Hunger nach dem täglichen Brot und einen Hunger nach Liebe, Freundlichkeit und gegenseitiger Achtung.

—Mutter Teresa

■ Segnen bedeutet, etwas Vorhandenes zu stärken. Das sieht man schon in der Schöpfungsgeschichte. Zuerst schafft Gott etwas – dann segnet er es mit der Fähigkeit, sich auszubreiten und zu vermehren. Um segnen zu können, ist deshalb erst der Blick auf das nötig, was schon vorhanden ist.

Ich (Kerstin) arbeite als Coach. In einer Coachingstunde geht es thematisch oft um Probleme, für die Menschen Lösungen suchen. Darauf konzentrieren wir uns. Doch »nebenbei« achte ich bewusst darauf, welche Stärken ich in der Person sehe, die ich coache. Das kann die Fähigkeit sein, entschieden an etwas dranzubleiben, oder die präzise oder bildhafte Sprache oder ...

Zum Ende des Coachinggesprächs, wenn das Thema fertig bearbeitet ist, erzähle ich der Person meistens noch, was mir an Stärken bei ihr aufgefallen ist. Das sind keine billigen Komplimente im Sinne von: »Sie sind toll!«, sondern sehr klare, spezifische Rückmeldungen.

Sie bringen zum Ausdruck, was ich an der Person wahrgenommen habe. Echt gesehen zu werden und wertschätzende Worte zu erhalten ist für viele Menschen tief berührend. So wie es bei einer Frau war, die Schwierigkeiten hatte, mit den Negativreaktionen anderer Menschen auf ihr behindertes Kind umzugehen. Sie fand Hilfe im Coaching. Einige Monate nach Abschluss des Coachings fragte der Coach, was ihr denn am meisten geholfen habe. Sie antwortete: »Dass Sie mir gesagt haben, ich sei eine gute Mutter!«

■ **Denk mal**
Welche Talente siehst du in den Menschen in deinem Umfeld?

■ **Mach mal**
Segne heute einen oder mehrere Menschen, indem du auf Begabungen aufmerksam machst: »Ich sehe in dir ...«

Gute und schlechte Gedanken

Mehr als alles achte auf deine Gedanken,
denn sie entscheiden über dein Leben.
—Sprüche 4,23 (GNB)

■ Kürzlich hatte ich (Rosemarie) wieder einmal den Schlüssel verlegt. Während der Suche fing ich an, mich innerlich zu beschimpfen: »Du Idiot, warum passt du auch nicht besser auf! Du hattest dir doch vorgenommen, den Schlüssel immer an einen bestimmten Platz zu legen.«
Plötzlich hörte ich eine andere Stimme, die mich liebevoll korrigierte: »Ich möchte nicht, dass du so über dich sprichst. Ich liebe dich und möchte, dass du auch mit dir selbst barmherzig umgehst.« Dieser Einwand Gottes hat mein Denken über mich verändert. Ich achte seither darauf, mich nicht innerlich zu beschimpfen. Unsere Worte haben Kraft. Sie fördern und unterstützen das Leben oder wirken zerstörerisch.
Gedanken sind wie Samen, die man sät und die sich vermehren. Oder wie Furchen, die man zieht. Wenn man die gleichen Gedanken häufig denkt, graben sie sich immer tiefer ein, bis man gar nicht mehr anders denken kann.

Bei stärkenden Gedanken ist das kein Problem: »Ich bin kostbar, angenommen und geliebt«, kann man nicht zu oft denken. Bei Gedanken wie: »Ich bin nichts wert«, »Ich schaff das nicht« oder »Alle sind gegen mich«, ist das anders. Wir neigen dazu, nur noch das als Wirklichkeit zu sehen, was unsere Gedanken bestätigt und verstärkt. Wenn du immer wiederkehrende negative Gedanken hast, kannst du Gott bitten, dir seine Wahrheit zu zeigen. Vielleicht suchst du dir auch die Unterstützung eines Seelsorgers oder Coaches dazu.

■ **Denk mal**
Wie denkst und redest du über andere? Wie über dich selbst?

■ **Mach mal**
Notiere dir während des Tages Worte oder Gedanken, von denen du merkst, dass sie zerstörerisch wirken. Setze ihnen Segensworte entgegen.

Woche 4
Spezifischer Segen

Mein Land

> *Segne mich, und lass mein Gebiet größer werden. Beschütze mich, und bewahre mich vor Unglück! Möge kein Leid mich treffen!*
>
> —1. Chronik 4,10 (HFA)

■ Von Jabez lesen wir in der Bibel obiges Gebet. Weiter heißt es: Gott erhörte sein Gebet. Konkret ging es ihm um die Erweiterung seines Wirkungskreises oder Einflusses. Womöglich bezog sich sein Gebet auf seinen Einfluss in der Gemeinschaft. Oder auch auf dem Ackerland – das heutige Äquivalent wäre unsere Arbeitsstätte. Segen vergrößert unseren Einflussbereich. Unsere Stimme hat mehr Gewicht und wird gehört. Wir bekommen mehr Raum, um unsere Gaben und Fähigkeiten einzubringen und zu entfalten und somit Menschen Gutes zu tun.

Erbitte Gottes Segen für deine Arbeit und beginne, alles, was du tust, zu segnen. Zum Beispiel so: »Gott segne mich mit Kraft, all das Gute zu tun, das nach seinem Willen durch mich heute geschehen soll. Durch Jesus Christus möge er in meinem Leben das bewirken, woran er Freude hat. Er segne das Werk meiner Hände.«

Als Landwirt kann dich der Segen über dem Stamm Joseph inspirieren.

Du findest ihn in dem 5. Buch Mose Kapitel 33: »*Der Segen Gottes komme über ihn! Ja, reich gesegnet sei sein Land vom Herrn mit Regen, der vom Himmel niederrinnt, mit Wasser aus den Speichern in der Tiefe, mit allem, was die Sonne wachsen lässt und was im Lauf der Monde reif wird! Das Beste nur vom Besten soll er haben, es werde ihm in reichstem Maß zuteil! Die Erde bringe es für ihn hervor, die Berge sollen es ihm tragen!*« (GNB)

Wer so sein Arbeitsumfeld und alles, was sich in seinem Besitz und Einflussbereich befindet, segnet, sorgt dafür, dass es sich durch Gottes Kraft gut entwickeln kann.

■ **Denk mal**

In welchem Lebensbereich ersehnst du dir Erweiterung?

■ **Mach mal**

Beginne diesen Lebensbereich zu segnen. Lies dazu als Anregung auch die Segnungen im 5. Buch Mose Kapitel 33.

Familie, Ehe

Ihr Mann lobt sie: »Es gibt viele tüchtige Frauen, doch du übertriffst sie alle!«
—Sprüche 31,29 (LUT)

■ Es gibt in der Bibel einen wunderbaren Text in Sprüche 31. Der hat bei Luther die – wenig passende – Überschrift »Lob der tüchtigen Hausfrau.« Wenig passend, weil die Frau, die da beschrieben wird, Künstlerin, Unternehmerin und Landwirtin ist. Sie hat einen Mann, der ihre umfassenden Fähigkeiten und ihren Charakter anerkennt. Er bringt das mit seinen Worten zum Ausdruck. In mehr als 300 Worten beschreibt er ihre Stärken und was er an ihr schätzt.

Traditionelle Juden sprechen diesen Text jede Woche (!) als Segen über ihren Frauen aus. Man kann nur erahnen, wie das Selbstwertgefühl und die innere Sicherheit einer Frau gestärkt werden, wenn sie jede Woche diese wertschätzenden Worte hört. Keine »billigen« Komplimente, sondern Worte, die die Stärke einer handlungsfähigen Frau beschreiben. Wow!

Auch die Männer und Kinder erhalten ihren spezifischen Segen. Die Männer in der Synagoge vom Rabbi, die Kinder von den Vätern. Das Alter spielt dabei keine Rolle.

Auch die erwachsenen Söhne lassen sich von ihren Vätern segnen.

Ich (Kerstin) frage mich, wie viel unnötiger Kampf zwischen den Geschlechtern innerhalb von Ehen, Familien und im Beruf vermieden oder abgemildert werden könnte, wenn wir einander regelmäßig segnen würden. Wenn wir die Wertschätzung Gottes und unsere eigene den anderen gegenüber zum Ausdruck bringen könnten. Segen schafft einen Schutzraum und Orte der Geborgenheit.

■ **Denk mal**

Was schätzt du besonders am anderen Geschlecht? Und an Kindern?

■ **Mach mal**

Segne heute einen Menschen vom anderen Geschlecht, indem du seine/ihre spezifischen Stärken hervorhebst.

Politik

> *Durch den Segen der Aufrichtigen steigt eine Stadt auf, durch den Mund der Gottlosen aber wird sie niedergerissen.*
> —Sprüche 11,11 (ELB)

■ Es gibt wahrscheinlich keine Menschengruppe, über die mehr gemeckert, geschimpft und geflucht wird, als über Politiker. Kommt das Gespräch auf Politik, fällt jedem etwas ein, das ihm nicht passt. Schuld sind immer »die da oben«. Wir leben in einer »Nörgelokratie«.

Was verändert das Meckern? Wie wir gesehen haben, hat negatives Reden eine zerstörerische Wirkung. Es »reißt die Stadt nieder« – den Lebens- und Schutzraum, den Menschen brauchen. Politiker brauchen genauso Vergebung und Gnade wie jeder andere Mensch. Statt sie zu richten und zu verfluchen, können wir durch Gebet und Segen etwas positiv verändern. Ein ganzes Land kann so transformiert werden. Dafür gibt es in der Welt inzwischen viele Beispiele, die auch in den *Transformation*-Videos (bei Down to Earth erhältlich) dokumentiert wurden.

Hier einige Beispiele, wie man Politiker segnen kann: »Ich segne die Herzen aller, die als Politiker unserem Land dienen. Dass die Härte ihrer Herzen in Weichheit verwandelt wird. Mögen sie die Liebe Jesu erkennen und von ihr erfasst werden. Ich segne alle, die Aufrichtigkeit lieben, mit der Kraft zur Ehrlichkeit und einem Hunger nach Gerechtigkeit. Ich segne ihr politisches Urteilsvermögen, damit sie erkennen können, was gut ist für unser Land. Ich segne die Beziehungen der Politiker untereinander, dass sie von Verständnis und Freundlichkeit geprägt sind.« Weitere Segnungen unter *bit.ly/segnungen*

■ **Denk mal**
Über welchen Politiker regst du dich am meisten auf?

■ **Mach mal**
Segne in dieser Woche besonders die Politiker, deren Handeln dir gerade nicht gefällt. Beginne damit, wenn du Nachrichten hörst.

Kranke

*Ist einer von euch krank? Dann soll er
die Ältesten der Gemeinde holen lassen,
damit sie für ihn beten und ihn im
Namen des Herrn mit Öl salben.*
—Jakobus 5,14 (NGÜ)

■ Die Bibel gibt klare Anweisungen, was jemand tun kann, wenn er krank ist. Er soll Menschen, die geistlich reif sind und Verantwortung tragen, holen lassen, damit sie für ihn beten. Gott verspricht: »*Ihr Gebet im Glauben an Gott wird den Kranken heilen, und der Herr wird ihn aufrichten. Und wenn er Sünden begangen hat, wird Gott ihm vergeben.*« (Jakobus 5,15 NLB)

Immer wieder erleben Christen, dass Gott auf das schlichte, segnende Gebet hin eingreift und Menschen wieder gesund macht. Manchmal von »kleinen« Widrigkeiten wie Kopfschmerzen oder Übelkeit, manchmal von lebensbedrohlichen Krankheiten oder unheilbaren Verletzungen.

Auch die Evangelien erzählen eine Heilungsgeschichte nach der anderen. Krankheit und Heilung sind ein komplexes Gebiet – es spielen viele psychosoziale Faktoren mit. Man kann nicht immer verstehen, warum nicht jeder Mensch, der um Heilung betet oder beten lässt, hier auf Erden gesund wird.

Doch klar ist auch: Wenn Menschen für andere beten, geschehen mehr Heilungen, als wenn nicht gebetet wird. Die Christen in Wales segnen kranke Menschen oft einfach nur und erleben, wie Gott zum Teil dramatisch heilt: jahrelange Erschöpfungszustände, einen nicht mehr funktionierenden Darm und vieles mehr.

Ich (Rosemarie) wurde bei unserem Aufenthalt in *Ffald-y-Brenin* von einem Bandscheibenvorfall geheilt, der mir trotz aller Gymnastik immer wieder bei längerem Sitzen Schmerzen bereitete. In Berlin angekommen war und blieb ich schmerzfrei.

■ **Denk mal**
Wer in deinem Umfeld braucht Heilung?

■ **Mach mal**
Bete für diesen Menschen und / oder bitte geistlich Verantwortliche gemäß Jakobus 5 segnend für ihn zu beten.

Dinge

Gesegnet wird sein dein Korb und dein Backtrog.

—5. Mose 28,5 (LUT)

■ Der Backtrog ist bei mir (Kerstin) zugegebenermaßen nicht oft im Einsatz. Meinen Kuchen und mein Brot kaufe ich beim Bäcker. Doch es gibt jede Menge Dinge, mit denen ich täglich zu tun habe und die mir meinen Lebensunterhalt sichern oder zu meinem Komfort beitragen: Computer, Internet, das Telefon, Papier, Drucker, Dusche, Wasserversorgung usw.

Auch Dinge können gesegnet sein. Vor einer Weile hatten wir einen definitiv nicht gesegneten Internet-Server. Unsere Webseite stürzte täglich mehrfach ab und war für die Menschen, die sich über unsere Bücher informieren wollten, nicht mehr erreichbar. Es kostete viel Zeit, Mühe und Geld, das täglich zu reparieren. Natürlich konnte auch niemand einkaufen – was sich wiederum auf meinen Lebensunterhalt auswirkte. Seit wir die Firma gewechselt haben, läuft es wie am Schnürchen. Woran es bei der ersten Firma lag, wissen wir nicht – nur dass sie aus Gründen der Gewinnoptimierung am Service gespart hat.

Manchmal ist es so, dass Sünde, die nicht bereinigt und bekannt wurde, Segen auf Dingen blockiert – und Sachen immer kaputtgehen und schwierig sind.

Hier kann man Gott um Vergebung bitten und die Dinge segnen – wie etwa das Auto eines guten Freundes. Das machte mitten in der Examenszeit, wo er es täglich brauchte und keine Zeit für einen Werkstattbesuch hatte, Probleme. Ich legte ihm die Hände auf – und von da an war es gut.

■ **Denk mal**

Mit welchen materiellen Dingen erlebst du viel Segen – mit welchen eher weniger?

■ **Mach mal**

Gehe einmal durch deine Wohnung und bitte Gott um Segen für alle Dinge, die du oft brauchst. Und ggf. auch für deine Fahrzeuge.

Feinde

*Vergeltet Böses nicht mit Bösem
und Beschimpfungen nicht mit
Beschimpfungen! Im Gegenteil: Segnet!*
—1. Petrusbrief 3,9 (NGÜ)

■ Als Lehrerin habe ich (Rosemarie) immer wieder erlebt, wie sich Kinder in der Pause bei ihren Streitereien beschimpften. Sagte der eine: »Du Idiot!«, versuchte der so Beschimpfte ihn noch zu übertreffen: »Du Oberidiot!« Nie habe ich es erlebt, weder bei einem Kind noch bei einem Erwachsenen, dass in so einer Situation jemand sagte: »Sei gesegnet!«

Aber genau das ist Gottes Weg für uns. Jesus fordert seine Nachfolger auf, ihre Feinde zu lieben. Er ist gekommen, damit alle Menschen die Liebe des Vaters im Himmel erfahren. Ein konkreter Ausdruck der Liebe ist der Segen.

Jesus hat es klargemacht: Segnen ist unser Auftrag – es gibt keine Ausnahme. Es gibt nicht einen Menschen, den wir verfluchen dürfen. Ganz egal, was er uns angetan hat. Jeder ist auf die Barmherzigkeit und die Vergebung Gottes angewiesen. Wenn wir sie selber in Anspruch genommen haben, dann möchte Jesus auch, dass wir sie weitergeben.

Aber erlauben wir damit nicht, dass das Böse sich weiter ausbreitet? Stärken wir durch den Segen nicht vielleicht ein böses Tun?

Gesegnet wird der Mensch – nicht das, was er tut. Der Segen soll gerade dazu verhelfen, dass das Böse in dem anderen Menschen überwunden wird. Der Segen ist Gottes Gegenkraft gegen das Böse. Wer andere segnet, wird bewahrt vor Bitterkeit und Groll. Nur mit einem vergebenden Herzen kann man wirklich segnen. Das doppelt Gute: Damit bleibt man auch selber im Segensstrom Gottes.

■ **Denk mal**

Welcher Mensch erscheint dir als ein Feind? Wer macht dir gerade Mühe durch seine Worte oder Handlungen?

■ **Mach mal**

Vergib dem, der dir Böses angetan hat, und segne sein Leben.

Ein Segen sein

Ich will euch erretten, dass ihr ein Segen werden sollt.

—Sacharja 8,13 (SLT)

■ Immer wieder sagen Menschen mir (Kerstin): »Du bist ein Segen für viele!« Ich erlebe wiederum selbst viel Segen: Menschen ermutigen, unterstützen und helfen mir. Sie beten für mich und sprechen mir Gottes Liebe zu. Und Gott selbst liebt mich, mehr als ich überhaupt aufnehmen kann. Ich strecke mich nach Segen aus, wo ich ihn nur kriegen kann. Wenn ich Menschen sehe, die in einem bestimmten Bereich ihres Lebens gesegnet sind, bitte ich sie, mich spezifisch dafür zu segnen.

Das hat sogar in Lebensbereichen, in denen ich definitiv nicht sehr gesegnet war, Auswirkungen gezeigt. Durch spezifischen Segen von musikalischen Menschen wurde meine mangelnde Musikalität zwar nicht »weggebeamt«, doch erheblich abgemildert. Das ist ein Segen für die Menschen um mich ...

Wenn ich Gott und Menschen um Segen bitte, tue ich das nicht zum Selbstzweck. Natürlich freue ich mich und genieße es, wenn ich gesegnet bin.

Wie etwa durch einen lebenslangen Massagegutschein, den mir kürzlich jemand versprach. Was für ein Segen!

Doch es geht mir immer auch darum, dass andere Menschen etwas von dem Segen erhalten, den ich bekomme. Je mehr Segen ich empfange, umso mehr kann ich weitergeben. In Form von Impulsen und Rat, von materiellen Gaben und Geschenken. So war auch der Segen an Abraham gedacht – nicht nur für ihn. Er konnte die Freundschaft Gottes, die Liebe seiner Frau und den materiellen Segen durchaus genießen. Doch es ging auch darum, ein Segen zu sein – für andere. Wir dürfen auch ein Segen sein.

■ **Denk mal**

Wo warst und bist du ein Segen für andere?

■ **Mach mal**

Bitte Gott um Vermehrung des Segens auf deinem Leben – zum Wohle anderer.

Was mir wichtig wurde

■ Für welchen Segen Gottes bin ich besonders dankbar?

■ In welchen Gebieten meines Lebens wünsche ich mir mehr Segen?

■ Welche Menschen und Situationen möchte ich gerne segnen?